Gregor Staub

Gregor Staub

A, B, C, D, E, F, äh...?

Die besten Techniken, damit sich
Ihr Kind alles merken kann

mvg Verlag

Bibliografische Information Der Deutschen Bibliothek

Die Deutsche Bibliothek verzeichnet diese Publikation in der Deutschen Nationalbibliografie; detaillierte bibliografische Daten sind im Internet über http://dnb.ddb.de abrufbar

Umschlaggestaltung: coverdesign uhlig, Augsburg
Satz: mi, D. Ott
Druck- und Bindearbeiten: Himmer, Augsburg
Printed in Germany 08338/040301
ISBN 3-478-08338-9

Inhalt

Einleitung

Das kleine Buch, das Sie, liebe Leserin, lieber Leser, in den Händen halten, ist ein Ausschnitt aus dem Gesamtkonzept *Mega Memory*, das aus elf CDs und zwei Büchlein besteht. Weitere Informationen dazu finden Sie im Anhang dieses Buches.

Der Teil dieses Konzeptes, auf den wir uns hier konzentrieren wollen, soll Ihnen Tipps und Kniffe vermitteln, wie Sie mit Kindern im Alter zwischen vier und neun bis zehn Jahren besser lernen können. Kinder „checken" Neues ja an für sich sehr gut. Wie sagt doch so treffend der Volksmund: Kinder lernen besser als Erwachsene. Sobald aber Kinder in der Schule „erwachsene" Dinge lernen müssen, kann es schon mal vorkommen, dass Schwierigkeiten auftreten. Dies liegt vor allem daran, dass jedes Kind einerseits unterschiedliche Talente und Vorlieben hat – wenn Stoff gelehrt wird, der dem Kind liegt, begreift es leichter und schneller als bei Fächern, für die es weniger Talent hat. Andererseits hat jeder Mensch seine eigene Lerngeschwindigkeit, und da das Schulsystem zwangsläufig die ganze Klasse in der gleichen Geschwindigkeit unterrichtet, werden die Kinder, die mehr Zeit zum Begreifen brauchen, hinterherhinken. Andere, die schneller lernen könnten, als angeboten wird, werden sich dagegen langweilen und paradoxerweise gerade durch diese Unterforderung schlechter werden.

Außerdem fällt es Kindern ganz allgemein schwer, nach den Methoden der Erwachsenen zu lernen. Hier sind verantwortungsvolle Eltern gefragt: Helfen Sie Ihrem Kind beim Lernen, unterstützen Sie es durch gemeinsames Verarbeiten des Schulstoffs. Tipps hierzu finden Sie in diesem Buch.

1 Spielend lernen

Grundsätzlich zeigen uns die neuesten Erkenntnisse, dass wir in Gefühlsbildern denken. Diese Bilder erleben Menschen visuell, haptisch und/oder akustisch usw. Sehr oft kommt es auch vor, dass man Informationen über Gefühle speichert oder über Gerüche und den Geschmack. Versuche ergaben zum Beispiel, dass Probanden sich an bestimmte Düfte noch nach Jahren genau erinnern konnten, die Umstände der betreffenden Situation hingegen – wie zum Beispiel Tageszeit, Wetter, Wochentag und Ähnliches – waren aus ihrer Erinnernung verschwunden.

Sie können nun davon ausgehen, dass bei Kindern dieses Erinnern über sinnliche Wahrnehmungen noch viel ausgeprägter ist als bei uns Erwachsenen. Achten Sie deshalb darauf, welche Art von Lernen Ihrem Kind am besten gefällt.

! *Und: Zwingen Sie nie ein Kind zu dem hier vorgestellten Programm, sondern motivieren Sie es auf positive Weise, mitzumachen. Ein möglicher Weg wäre, dem Kind viele Fragen zu stellen: an was es Interesse hat, ob es noch mitmachen will oder schon zu müde ist usw.*

Oder machen Sie ein Beispiel vor und fragen Sie Ihr Kind: Möchtest du diesen Zaubertrick – dieses Wort war bei mir ganz groß in Mode zu Hause – auch können? Zaubern ist immer schön, da sagen die Kinder sehr schnell ja.

Die Beispiele in diesem Buch beinhalten unterschiedliche Themen, die je nach Alter für ein vierjähriges Kind geeignet sind, wie etwa die Wochentage zu lernen, bis hin zu einem neunjährigem Kind, das die Wochentage sicher schon kennt und daher mehr Interesse etwa an einer Landkarte Europas hat.
Nehmen Sie dann beim Lernen und Üben die Beispiele, von denen Sie denken, dass sie für Ihr Kind im Moment geeignet sind.

Mit etwas Übung können Sie dann selbst neue Beispiele für Ihr Kind entwickeln – das macht Ihnen Spaß und Ihrem Kind sicher genauso. Sie können hier auch gemeinsam mit Ihrem Kind Themen heraussuchen und entsprechende Geschichten entwickeln.

Die Technik, die hinter all diesen Übungen steht, ist grundsätzlich für alle dieselbe, das macht das Ganze so einfach. Übrigens gilt sogar für Sie selbst: Auch Sie können nach dieser Technik Neues leichter lernen, seien es Fremdwörter,

Stichwörter für eine Rede oder Stoff für eine Prüfung in Ihrer Weiterbildung.

Mega Memory ist ein Gedächtnistrainings-Konzept, das auf einer uralten Technik aufbaut. Schon Cicero, Cäsar und Aristoteles sowie Michelangelo und Leonardo da Vinci waren Anwender dieser Form des Gedächtnistrainings.

Oft wird diese Methode auch die „Loci-Methode" genannt. Indem Sie sich bestimmte Orte, sei es an Ihrem Körper oder im Raum, einprägen, und daran die zu lernende Information assoziativ und bildlich „anknüpfen", können Sie sich schier unglaubliche Mengen an Wörtern, Fakten, Namen etc. merken.

Wenn Sie eine Information lesen oder hören, haben Sie sie zwar später oft noch im Kopf gespeichert, Sie können sie aber nicht mehr abrufen, da Sie nicht mehr wissen, wo sie genau liegt! Nehmen wir die Information „Liebe heißt auf Französisch ,amour'". Später werden Sie sich vielleicht passiv an das Wort erinnern – wenn also jemand fragt „heißt das gesuchte Wort vielleicht ,amour'?", können Sie dem zustimmen. Aber aktiv wären Sie nicht mehr darauf gekommen.

Deshalb brauchen Sie mentale Bezugspunkte, so genannte „Briefkästen", in denen Sie Ihre Informationen so ablegen können, dass Sie sie auch wieder finden.

Stellen Sie sich mal vor, Sie hätten einen kreativen Postboten, der einmal die Post in die Badewanne legt, einmal in den Kühlschrank und wieder einmal ins Gartenhäuschen. So richtig Spaß hätten Sie an der ganzen Sache nicht. Spätestens nach drei Tagen würden Sie diesem Postboten sagen: Hör mal, das war zwar jetzt ganz lustig, wie beim Ostereiersuchen, aber von jetzt an möchte ich meine Post wieder im Briefkasten liegen sehen, weil ich sie da nämlich suche.

Um Ihre benötigten Informationen wieder punktgenau abrufen zu können, brauchen Sie also ebenfalls Briefkästen. Diese Briefkästen werden Sie sich mit Hilfe von *Mega Memory* zulegen, und Sie werden sehen, dass Sie sich dann spielend leicht eine Fülle von Informationen merken können, was Sie vorher nie für möglich gehalten hätten!

Nebenbei bemerkt: Durch Gedächtnistraining wird die Konzentrationsfähigkeit allgemein erheblich gesteigert. Das hilft in Schule, Studium und Beruf genauso wie im Alltag. Also, viel Spaß beim Trainieren!

Und Sie brauchen auch keine Hemmungen haben: Sie können mich gerne anrufen und Fragen stellen. Ich bin gern bereit, mit Ihnen darüber zu sprechen. Meine Telefonnummer finden Sie auch auf den letzten Seiten.

Also beginnen wir mit ein paar konkreten Spielen: Ich nenne sie immer ganz bewusst Spiele, weil Lernen und Spielen eigentlich das Gleiche ist. Also ein paar Spiele, die Sie mit Ihrem Kind spielen können.

Verwenden Sie für schriftliche Aufgaben einzelne Blätter, die Sie zum Beispiel in einem Ringbuch sammeln, oder ein Heft. Schreiben und malen Sie mit Ihrem Kind gemeinsam – das macht Ihnen beiden Spaß!

2 Einkaufszettel/Einkaufsliste

Sicher haben Sie den Wunsch, mit Ihrem Kind die Technik einmal durchzuspielen und es diese so erleben zu lassen, dass es sich sehr schnell und sehr gut Dinge merken kann. Anhand einer Einkaufsliste kann man das recht einfach darstellen.

Sie können auch analog dazu zehn Kärtchen mit verschiedenen Bildern, zum Beispiel wie die eines Memoryspiels, verwenden. Legen Sie diese zehn Kärtchen auf den Tisch und spielen Sie damit Einkaufsliste.

Und wenn Sie mit Ihrem Kind das nächste Mal einkaufen gehen, üben Sie das gleich in der Praxis. Statt eine reale Einkaufsliste zu schreiben und mitzunehmen, setzen Sie sich mit Ihrem Kind kurz an den Tisch und spielen Sie dieses Spiel, und beim Einkaufen lassen Sie dann Ihr Kind die benötigten Sachen in den Korb legen. Das gibt für Sie und für Ihr Kind ein schönes Erfolgserlebnis. Zuerst jedoch brauchen wir einen Aufhänger für die Dinge, die Sie sich merken und einkaufen wollen. Und Sie werden sehen, nach kürzester Zeit können Sie nicht nur zehn Einkaufsgegenstände schnell auswendig lernen, sondern haben für ähnliche Fälle einen praktischen Memo-Zettel in Ihrem Kopf, den Sie – Im Gegensatz zu Papier und Bleistift – wirklich immer bei sich haben.

Mit der Zeit können diese Listen größer werden, Sie werden sich dann beispielsweise zwanzig Dinge in der richtigen Reihenfolge merken können. Ich denke, anhand der etwa zehn Beispiele, die jetzt in diesem Büchlein kommen, können Sie sehr schön abschätzen, was Sie mit dieser Technik alles anfangen können. Das Buch soll Ihnen einen Einstieg in eine der vielen Möglichkeiten bieten, die es für das Gedächtnistraining gibt. Wenn Sie mehr Informationen darüber möchten, finden Sie am Ende des Buches entsprechende Hinweise.

Wir fangen mit der so genannten Körperliste an, die Ihnen die Aufhänger für die Informationen liefert, die Sie und Ihr Kind dann später lernen wollen. Hier installieren Sie also Ihre „Briefkästen", damit Sie wichtige Informationen später wieder finden!

1. Schuhe/Füße
2. Knie
3. Oberschenkel
4. Gesäß
5. Taille
6. Brustkorb

Dies sind also Ihre ersten zehn Briefkästen – und Sie haben Sie immer dabei! Wir lernen jetzt zuerst die zehn Körperteile, die Sie im Stehen von unten nach oben bitte jetzt berühren, während Sie lesen.

Also stehen Sie auf und nehmen Sie das Buch in die Hand. Schauen Sie mal auf Ihre Füße oder auf Ihre Schuhe. Das ist der erste Punkt Ihrer Körperliste. Ob Sie jetzt Schuhe oder Füße sagen, ist unerheblich, wichtig ist nur, dass Sie wissen, wo Sie hingeschaut haben. Als nächsten Punkt berühren Sie Ihr Knie, dann Ihren Oberschenkel.

Sie haben jetzt die drei Punkte: Füße, Knie und Oberschenkel. Als Nächstes kommt das Gesäß, dann die Taille. Sie sehen, die Liste geht von unten nach oben. Nun ist der Brustkorb dran, die Schultern, der Hals, das Gesicht, die Haare.

Legen Sie das Buch jetzt auf die Seite und wiederholen Sie das alles, berühren Sie diese zehn Körperteile an sich und sprechen Sie dabei die Namen laut aus. Das können Sie so lange machen, bis Sie es wirklich können. Und wenn Sie unsicher sind, schauen Sie auf Seite 16 nach.

! *Erst wenn Sie alle in der richtigen Reihenfolge kennen, lesen Sie weiter im Buch!*

Was ist jetzt passiert? Wenn Sie zum Beispiel den zweiten Briefkasten suchen, sind Sie sofort beim Knie. Warum? Sie sehen, die Eins ist der Schuh, die Zwei ist das Knie, das geht ganz schnell.

! *Würde ich Sie jetzt fragen „Was ist eigentlich der siebte Punkt auf der Liste?", wären Sie wahrscheinlich erst mal am Nachzählen bis Sie den richtigen Punkt gefunden haben, aber da gibt es eine Abkürzung: Dazu verbinden wir die Körperteile mit einfachen Bildern, die uns bei der Reihenfolge helfen. Schauen Sie doch mal gedanklich auf Ihre Schulter, stellen Sie sich vor, die sieben Zwerge stehen auf Ihrer Schulter und sagen Ihnen Hallo, also begrüßen auch Sie sie. Machen Sie das wirklich physisch, drehen Sie Ihren Kopf herum, schauen Sie auf die Schulter und sagen Sie den Zwergen Hallo.*

Was ist das Resultat? Wenn Sie jetzt den Punkt Sieben auf der Liste suchen, sind Sie sofort am richtigen Ort ohne zählen zu müssen. Und jetzt bitte ich Sie, berühren Sie mal mit Ihrer Hand den achten Punkt Ihrer Körperliste. Und siehe da, Sie brauchen gar nicht mehr genau zu zählen. Sie sehen die Sieben auf Ihrer Schulter, dann wäre logischerweise die Acht am Hals, die Neun das Gesicht.

! Und noch ein Tipp: Legen Sie mal Ihre Hand an Ihre Taille – und schon wissen Sie, Ihre Hand hat ja fünf Finger, der fünfte Punkt ist die Taille.

Jetzt wissen Sie die Fünf und die Sieben genau und die anderen Punkte finden Sie relativ schnell über diese „Anker".

Wir werden jetzt kurz miteinander eine Übung machen: Sie sehen eine Zahl und berühren dann die entsprechende Körperstelle. Zum Beispiel sehen Sie jetzt die Körperzahl Sechs und Sie sagen Moment, Fünf war die Taille und die Sechs muss der Brustkorb sein. Oder wenn ich Acht sage, sagen Sie: die Sieben waren die sieben Zwerge, Acht ist der Hals. Also nehmen Sie die unten stehenden Zahlen und schauen Sie sich diese an, und dann berühren Sie das entsprechende Körperteil. Wenn Sie diese Übung durch haben, sollte eigentlich die Körperliste bei Ihnen sitzen.

10
3
5
9
7
2
6
4
8
10
2
5
1

Hat das nicht hervorragend funktioniert? Und was bedeutet das jetzt für Sie? Sie haben nun die Möglichkeit, in Ihrem Kopf dank dieser eindeutigen Plätze Informationen so abzulegen, dass Sie sie jederzeit wiederfinden können – wie die Post im Briefkasten.

☞ *Nun geht es darum, dass Sie Ihrem Kind diese zehn Körperteile genau in dieser Art und Weise beibringen, bis Sie merken, dass Ihr Kind die Liste beherrscht. Tun Sie das jetzt – es ist übrigens völlig unerheblich, wie lange Sie beide dazu brauchen.*

! *Und noch ein kleiner Tipp: Wenn Sie Ihr Kind abfragen, können Sie die Aufgabe variieren, indem Sie sich die Körperliste mal von oben nach unten aufsagen lassen.*

! *Zwei Dinge möchte ich Ihnen dabei ans Herz legen. Erstens: Wie Ihr Kind den jeweiligen Körperteil nennt, spielt keine Rolle: Füße und Schuhe sind im Prinzip dasselbe. Weit wichtiger ist es, auf haptische Art zu lernen, also die jeweiligen Körperstellen mit der Hand zu berühren. Ihr Kind soll ja mit allen Sinnen lernen, das verstärkt den Lerneffekt. Es geht darum, dass Ihr Kind weiß, wo die einzelnen zehn Nummern zu finden sind.*

Zweitens: Wenn Sie Ihr Kind beispielsweise vom Brustkorb direkt zum Hals zeigt, sollten Sie auf keinen Fall korrigieren, indem Sie sagen: Das ist falsch, da war noch die Schulter. Was passiert nämlich dann? Ihr Kind gerät in Stress, weil es korrigiert wurde und seinen Fehler eingestehen muss. Besser ist es, Sie stellen eine Frage wie zum Beispiel: Gibt es da noch irgendetwas zwischen Brust und Hals? Und dann tippen Sie dabei ganz leicht auf die Schulter und dann sagt Ihr Kind: Ach natürlich, da liegt ja noch die Schulter.

Das Kind hat somit nicht eine Korrektur entgegennehmen müssen, sondern konnte eine Frage, die ihm gestellt wurde, beantworten. Was will ich damit sagen? Es ist wesentlich angenehmer für einen Menschen, und das gilt ausnahmslos für alle, eine Frage beantworten zu können, als eine Korrektur entgegennehmen zu müssen.

Dabei darf es durchaus auch sein, dass in der Frage die Antwort bereits vorkommt, um Ihrem Kind das Antworten und somit das Lernen zu erleichtern. Sie werden sehen, dass es beim nächsten Mal viel besser klappt, und genau darauf kommt es ja an.

Es kann schon mal sein, dass Sie eine Frage stellen und die richtige Antwort kommt einfach nicht.

Dann werden Sie sehr sanft noch mal die Lösung vorsagen – mit einem Lächeln auf den Lippen. Aber eines sollten Sie unbedingt vermeiden: dass Ihr Kind in Stress gerät, denn Stresshormone hindern enorm beim Lernen, und das wäre ja das Gegenteil dessen, was Sie erreichen möchten.

Also üben Sie jetzt mit Ihrem Kind, bis es die Körperliste mit Ihnen zusammen beherrscht.

*

Der nächste Schritt ist nun, eine zehn Punkte lange Einkaufsliste auswendig zu lernen.

1. Eier
2. Zwiebeln
3. Mehl
4. Karotten
5. zum Augenoptiker gehen
6. Salami beim Metzger
7. zum den Flughafen fahren, ein Flugticket holen
8. Seife
9. Reis
10. Zahnpasta

Schauen Sie sich die Liste kurz an und überlegen Sie mal, wie Sie sich denn so eine Liste merken könnten. Und dann werde ich Ihnen zeigen, wie ich mir so eine Liste merken kann, und schon können Sie sofort das gleiche Spiel mit Ihrem Kind spielen. Sie werden merken, innerhalb von ein bis zwei Minuten kann jedes Kind die richtige Reihenfolge vorwärts und rückwärts auswendig, inklusive Nummerierung. Und das ist ein ganz tolles Erlebnis! Also schauen Sie sich nochmal die Liste an und blättern Sie erst danach weiter.

*

Was tun wir jetzt, damit wir uns diese zehn Worte in dieser Reihenfolge merken können? Sie erstellen eine Verknüpfung Ihrer Körperliste mit diesen zehn Begriffen. Das funktioniert, indem Sie sich Bilder vorstellen, die Sie einerseits mit dem vorgegebenen Begriff und andererseits mit den einzelnen Punkten Ihrer Körperliste verbinden. Diese Bilder können ruhig skurril und ungewöhnlich sein, es kommt nur darauf an, dass Sie sich leichter anhand der Geschichten erinnern können. Die von mir vorgeschlagenen Storys sind genau das: Vorschläge. Wenn Sie Bilder finden, mit denen Ihnen und Ihrem Kind die Sache leichter fällt, sollten Sie selbstverständlich Ihre eigenen Bilder verwenden. Dennoch wollen wir als Erstes meine Vorschläge einmal durcharbeiten.

Nehmen wir mal an, Sie stellen Sie sich ein rohes Ei vor, das auf Ihren Fuß (= Punkt eins der Körperliste) gefallen ist. Sie fühlen, wie das Ei zerbirst und Ihre Zehen von Eiweiß und Eigelb feucht werden und wie die Schalen unter Ihren Füßen knirschen. Sie haben hier verschiedene Arten von Bildern: eines ist visuell, Sie sehen, wie das Ei auf ihrem Fuß oder in dem Schuh zerfließt. Und Sie hören, – das ist ein akustisches Bild, – wie die Schale des Eies knirscht. Und ich füge ein haptisches Bild hinzu: Sie fühlen die Feuchtigkeit des Eis. Vielleicht haben Sie auch noch ein Geruchsbild zur Hand, das Ihnen die Erinnerung erleichtert oder vielleicht fällt Ihnen ein bestimmter Geschmack ein – Hauptsache, Ihre fühlende Gehirnhälfte wird angesprochen.

Ihr Unterbewusstsein hat es beim Lernen leichter, wenn beide Gehirnhälften zusammenarbeiten können, – und nicht nur beim Lernen, sondern eben auch beim wieder Abrufen.

☞ *Wählen Sie nun mal ganz bewusst verschieden Arten von Bildern aus, indem Sie zum Beispiel erst fotografisch vorgehen, dann machen Sie Tonbilder, Geruchsbilder und so weiter und zwar in der Reihenfolge, die Ihnen spontan in den Sinn kommt.*

*

Haben Sie gemerkt, welche Art von Bild Ihnen leichter fällt? Jeder Mensch ist verschieden – vielleicht haben Sie die wenigsten Schwierigkeiten mit Tonbildern. Bedenken Sie nun, dass auch Ihr Kind ein Individuum ist, es wird vermutlich anders reagieren als Sie und vielleicht mit den visuellen Bildern leichter zurecht kommen.

☞ *Hören Sie Sie Ihrem Kind mal genau zu. Was sagt es zu dem Bild mit den Eiern auf den Schuhen? Sagt es vielleicht „ich fühle das Ei", dann haben Sie einen guten Anhaltspunkt dafür, dass Ihr Kind gut über das haptische Gefühl lernen kann. Ein anderes Kind sagt vielleicht, dass es gehört hat, wie das Ei zerbricht. Ihm fällt wahrscheinlich das Lernen über Hörbilder leichter.*

☞ *Testen Sie dies mit mehreren Beispielen mal durch. Wenn Sie dann wissen, welche Art von Bild Ihrem Kind das Begreifen und Erlernen leicht macht, benutzen Sie auch vermehrt solche Bilder. Machen Sie sich bitte ein paar Notizen dazu, und bedenken Sie, wenn Sie über mehrere Jahre mit Ihrem Kind zusammen lernen, dass sich diese Bilder ändern können. Sobald Ihr Kind älter wird, wechselt es beim Lernen vielleicht vom Fühlen zum Sehen und entsprechend sollten Sie Ihre Lehrstrategie an den Entwicklungsstand Ihres Kindes anpassen.*

B Gut, gehen wir also mal das zweite Wort an, die Zwiebeln. Stellen Sie sich einfach mal vor, Ihre Kniescheibe sähe aus wie eine große Zwiebelscheibe. Denken Sie an den Geruch einer frisch geschnittenen Zwiebel, vielleicht haben Sie deswegen auch Tränen in den Augen.

Für das Mehl stellen Sie sich vor, Sie hätten in Ihrer vorderen Hosentasche beim Oberschenkel ein wenig Mehl hinein gestreut. Sie sehen weißes Mehl, das sich in Ihrer Hosentasche oder auf Ihrem Oberschenkel verteilt. Vielleicht müssen Sie sogar niesen?

Als Nächstes werden die Karotten eingekauft, also werden Sie sich Karotten in Ihrer Gesäßtasche vorstellen – das drückt ziemlich, nicht wahr?

Dann sollen Sie zum Optiker gehen, um die Brille abzuholen, die fertig repariert ist. Stellen Sie sich vor, Sie hätten eine Brille an Ihrer Taille zum Beispiel in den Gürtel gesteckt, sodass sie wie der Griff eines Revolvers aussieht. Sie müssen natürlich sehr vorsichtig sein mit so empfindlichen Gegenständen an Ihrer Taille, spüren Sie das?

Für die Salami stelle ich mir auf meiner Brusthöhe eine Salami vor, vielleicht in Scheiben, vielleicht am Stück, vielleicht eine mit Pfefferrand, mit Schnur oder ohne Schnur, das können Sie selbst entscheiden.

Flugticket einkaufen: Sie schauen gedanklich auf Ihre Schultern und stellen sich vor, dass dort gerade eben ein Flugzeug landet, mehr braucht Ihr Gehirn gar nicht. Sobald es das Flugzeug sieht, werden Sie sich mit 99%iger Sicherheit daran erinnern – da war doch was mit dem Flugticket! Dass Sie dann zum Flughafen oder zum Reisebüro gehen und das richtige Ticket kaufen, diese Gedanken kommen in der Regel automatisch.

Wenn Sie sich beim achten Punkt an die zu kaufende Seife erinnern wollen – das ist beim Hals –, dann denken Sie einfach daran, Ihren Hals mit Seife zu waschen. Spülen Sie die Seife in Gedanken jedoch nicht mit Wasser ab, damit Sie dieses Kribbeln noch fühlen, dieses ungewöhnliche Kleben der Seifenreste.

! *Warum die Seife da kleben bleibt oder warum dieses Bild mit dem Flugzeug an der Schulter funktioniert? Langweilige und normale Bilder sind schwerer zu behalten als etwas Außergewöhnliches. Entwerfen Sie also ruhig skurrile Szenarien – so merken Sie sich die Informationen leichter.*

zB Also wenn Sie bei der Neun Reis kaufen möchten, dann stellen Sie sich vielleicht vor, Sie drücken sich trockene Reiskörner in die Nase. Wie fühlt sich das an? Brrrrr? Sie merken, es hält sofort.

Zahnpasta ist der zehnte Punkt der Einkaufsliste. Was wäre das für ein Gefühl, wenn Sie Zahnpasta auf Ihre Haare schmieren anstatt Shampoo? Sehen Sie vielleicht rot-weiße Streifen, riechen Sie vielleicht Pfefferminz? Gibt es Schaum oder nicht? Machen Sie das Bild so dramatisch und dynamisch, wie Sie es gerne haben möchten.

☞ *Gehen Sie bitte diese Liste nochmal durch, blättern Sie dabei ruhig zurück und entwerfen Sie die Bilder, Gerüche und Töne, die Ihnen das Lernen erleichtern.*

*

So, und jetzt schauen wir uns mal das Resultat an. Wenn Sie an Ihre Füße oder Schuhe denken, was kommt Ihnen in den Sinn? Die Chance, dass Sie Eier in den Schuhen sehen, stehen gut. In der Regel passt es neun von zehn Mal. Und einmal werden Sie halt korrigieren. Das heißt, wenn Sie merken, Sie haben die Eier nicht gesehen, dann entwerfen Sie ein anderes Bild, etwas dramatischer, etwas bunter, etwas lustiger, etwas in der

Dimension verändert, so dass Sie beim nächsten Mal dann doch die Eier sehen.

Schauen Sie mal auf Ihre Knie, aha, Sie sehen Ihre Zwiebeln, und in der Oberschenkelgeschichte kam doch Mehl vor, die Gesäßtasche war mit Karotten gefüllt, und wenn Sie an die Taille schauen, haben Sie doch dort eine Brille. Auf Ihrer Brust sehen Sie Salami, auf der Schulter ist der Flughafen oder die Landebahn oder das Flugzeug, das landet, auf Ihrem Hals haben Sie Seife, in der Nase haben Sie Reis und auf dem Kopf oben sehen Sie Zahnpasta.

☞ *Schreiben sie jetzt hier – ohne zu spicke – neben die einzelnen Punkte der Körperliste die Gegenstände aus der Einkaufsliste.*

1. Schuhe/Füße – _____
2. Knie – _____
3. Oberschenkel – _____
4. Gesäß – _____
5. Taille – _____
6. Brustkorb – _____
7. Schultern – _____
8. Hals – _____
9. Gesicht – _____
10. Haare – _____

*

Fertig? Überprüfen Sie anhand des Buches, ob Sie alles richtig gemacht haben. In der Regel konnten Sie jetzt sieben bis zehn Worte hinschreiben, das ist doch ein richtig tolles Gefühl, und vor allem werden Sie erleben, dass auch Ihr Kind dabei richtig Spaß haben wird.

! Bitte seien Sie nicht frustriert, dass Ihre Kinder in der Regel besser sein werden als Sie, das ist völlig normal so. Kinder haben noch so viel Platz in ihren Köpfen und sind noch nicht so fixiert wie Erwachsene, die neue Informationen meist in alte Schubladen abzulegen versuchen. Kinder machen diesen Fehler noch nicht, weil sie noch nicht so viele Schubladen haben, deshalb fällt ihnen das Lernen ja auch so viel leichter als Erwachsenen.

Als Faustregel könnte man sagen: Wenn Sie als Erwachsener so etwas lernen, brauchen Sie drei Anläufe, bis es klappt. Beim ersten Mal haben Sie sieben von zehn, beim zweiten Mal neun von zehn und beim dritten Mal dann alle richtig. Nehmen Sie sich also dreimal Zeit zum Üben – Sie müssen nicht alles auf einmal können.

Wenn Sie erst oft geübt und genügend viele Varianten durchprobiert haben, werden Sie entdecken, dass Sie beim dritten Mal praktisch immer alle Wörter können, gerade wenn es so eine einfache Zehnerliste ist – also ärgern Sie sich bitte jetzt nicht, wenn Sie beim ersten Mal noch nicht perfekt sind. Diese positive mentale Einstellung hilft enorm beim Lernen, weil Sie dann immer in einem relativ fröhlichen Zustand sind.

Können Sie diese zehn Gegenstände jetzt auch noch nummeriert abrufen? Was war die Nummer Sieben? Sicher fällt Ihnen die Schulter ein, Sie sehen das Flugzeug, und schon werden Sie sich daran erinnern, dass der siebte Punkt der Einkaufsliste der Flughafen ist.

Wenn Sie an die Fünf denken, geht es um die Taille und Sie kommen automatisch auf die Brille beim Optiker. Und bei Nummer Drei sehen Sie die Oberschenkel, da fällt Ihnen das Mehl ein und so weiter.

Üben Sie nun diese Liste mit Ihrem Kind, bis es ein Gefühl bekommt, wie einfach es funktioniert. Übertreiben Sie aber nicht – Sie sollten beide mit Spaß an die Sache herangehen, und was nicht jetzt sofort klappt, geht vielleicht morgen früh frisch ausgeschlafen gleich besser.

*

Sie und Ihr Kind haben jetzt die erste Übung des *Mega Memory* erfolgreich absolviert. Gratulation! Und bitte denken Sie dran: Spendieren Sie Ihrem Nachwuchs ein kleine Belohnung!

3 Die sieben Wochentage

Ziel ist es nun, dass Ihr Kind die sieben Wochentage in der richtigen Reihenfolge kennen lernt.

Dazu möchte ich Ihnen eine kleine Geschichte erzählen: Als meine Tochter fünfeinhalb Jahre alt war, sind wir umgezogen. Im neuen Kindergarten, den sie ab Montag besuchte, ist Folgendes passiert: Mittwochs erhalte ich einen Telefonanruf, und die Kindergärtnerin will wissen, ob ich der Vater von Bianca bin. Ich dachte im ersten Moment, sie hätte vielleicht etwas angestellt, aber nein – die Kindergärtnerin war völlig verblüfft: „Ich will Ihnen nur sagen, Ihre Tochter hat innerhalb von zwei Tagen allen in der Gruppe die Wochentage beigebracht. Dazu brauche ich normalerweise drei Wochen! Ihre Tochter hat das in zwei Tagen geschafft. Wie hat sie denn das gemacht?"

An einem Elternabend kurz darauf habe ich allen Anwesenden erklärt, wie meine Tochter vorgegangen ist. Spannenderweise hatte Bianca der Kindergärtnerin die Sache nicht verraten, weil es bei uns zu Hause als Zaubertrick getarnt worden war.

Den Trick kennen Sie jetzt natürlich schon, und wir wollen in bei Ihrem Kind auch anwenden.

☞ *Stellen Sie sich einfach die Körperliste vor und sagen Sie zum Beispiel zu Ihrem Kind: „Schau dir mal auf die Schuhe, da scheint der Mond – Montag. Schau mal auf deine Knie, da sitzt ein Diener – Dienstag." Dann berühren Sie den Stoff Ihrer Hose an den Oberschenkeln und sagen: „Den schneiden wir in der Mitte durch – Mittwoch."*
Dann zeigen Sie auf die Gesäßtasche: „Wenn du auf Toilette gehst, dann donnert es – Donnerstag." (Ich glaube, dass so ein Bild durchaus kindgerecht ist.) Dann zeigen Sie auf die Taille: „Wenn du hier deine Badehose trägst, hast du frei – Freitag. Und wenn du dir Sand auf die Brust streust, ist das der Samstag. Und die Sonne scheint auf die Schulter – Sonntag."

*

Und nun lassen Sie Ihr Kind diese sieben Wortbilder wiederholen. Sie werden beim ersten Mal drei oder vier Richtige finden, das steigert sich mit jeder Wiederholung. Lassen Sie nicht locker, mit Fragen Ihr Kind dazu zu bewegen, alle sieben Wochentage in der Reihenfolge zu können.

! *Vergessen Sie nicht, es zu immer wieder loben! Sobald Ihr Kind nur ein paar Tage richtig kann, sagen Sie: „Toll, sensationell, wie war das noch mit der Nummer Sechs?" Und dann zeigen Sie auf die Brust, vielleicht sagt Ihr Kind dann Sand, und Sie antworten: „Welcher Tag klingt denn wie Sand?" Schließlich wird Ihrem Kind der Samstag einfallen.*
Es ist ein riesiges Erfolgserlebnis, plötzlich die Wochentage zu können – und das ist das eigentliche Geheimnis.

! *Es kommt bei der ganzen Sache darauf an, dem Kind Bilder zu liefern, die es kennt. Die Wochentage an und für sich sind ja abstrakt, selbst die meisten Erwachsenen kennen die Etymologie der Namen nicht – oder wussten Sie, dass bei den Germanen der Donnerstag der heiligste Tag war, nämlich der Feiertag des Gottes Donar? Die Germaneneltern konnten das ihren Kindern leicht erklären, sie lebten diesen Götterkult ja vor. Aber heute brauchen wir Eltern eben ein paar Tricks.*
Ein Montag oder Dienstag ist für ein Kind nicht so deutlich vorstellbar wie ein Hund und eine Katze, aber einen Mond kann man sich vorstellen – oder einen Diener und auch, wenn ich den Mittwoch nehme, dass ich etwas in der Mitte durchschneide.

Sobald ich also für das Kind verständliche Bilder liefere, kann es diese auch im Kopf wieder abrufen. Und das wiederum mit der Körperliste kombiniert – wo, an welcher Stelle liegen die Bilder –, führt dazu, dass Ihr Kind dann die Reihenfolge der Tage kann. Auf die Frage, welcher der vierte Tag in der Woche ist, wird es dann die richtige Antwort geben: Es wird beim Gesäß an den Donnerstag denken. Beim siebten Tag sehen Sie auf die Schulter des Kindes – kleine Gedächtnisstütze – und es wird wissen: das ist der Sonntag – usw.

! *Wieder ganz wichtig: Sobald Ihr Kind die Tage regelmäßig in der richtigen Reihenfolge aufsagen kann, ist eine kleine Belohnung (ein Lob oder eine Anerkennung) fällig!!*

*

Zusammengefasst lässt sich jetzt Folgendes sagen: Wir haben gelernt, dass es hilfreich ist, zu wissen, wo in unserem Kopf wir abgelegte Informationen suchen müssen. Für Kinder eignet sich hierbei die Körperliste sehr gut, weil man seinen Körper zwangsläufig immer mit sich herumträgt!
Es gibt noch Varianten, die wir später kennen lernen werden, zum Beispiel ein Zimmer mit nummerierten Gegenständen. Aber davor ist es Zeit,

eine ganz andere Technik kennen zu lernen: nämlich Geschichten erzählen.

Das wird Ihrem Kind leicht fallen, denn sicher
lesen Sie oder Ihr Partner oder Oma oder Opa
regelmäßig Märchen vor. Kinder lieben Geschichten! Und da sie dieses Metier kennen, fällt ihnen
auch das Lernen anhand von Geschichten leicht.

Deshalb möchte ich ein Märchen der ganz spe-
ziellen Art vorschlagen, nämlich das Märchen
von dem Apfel, der vom Baum gefallen ist.

4 Das ABC

! Für Kinder ab etwa sieben Jahren ist die Alphabetsgeschichte nicht mehr geeignet, ganz einfach, weil sie es bereits kennen. Falls Sie jedoch den Eindruck haben, dass Ihr Kind in der Schule das Alphabet noch nicht richtig beigebracht bekommen hat, können Sie selbstverständlich auf diese Geschichte zurückgreifen.

Lesen Sie Ihrem Kind mal folgende Geschichte vor:

Sobald Sie Ihrem Kind diese Geschichte einmal vorgelesen haben, sollten Sie sie wiederholen. Beobachten Sie dabei Ihr Kind, ob es mitkommt, nickt, lacht und vielleicht auch manches Wort bereits mitspricht oder gar vorsagt. So können Sie sehen: Aha die Geschichte ist beim Kind angekommen.

Es war einmal ein **A**pfel, der fiel vom **B**aum und verwandelte sich in eine **C**lementine. Jetzt nimmst du (Kind mit dem Namen ansprechen) diese Clementine mit einem **D**eckel auf und hebst sie auf einen **E**sel, auf dem die ganze **F**amilie sitzt und **G**itarre spielt. Du schlägst den Esel jetzt mit einem **H**ammer auf den Kopf. Der sagt „I-Ah" und isst dazu einen Joghurt, darin befindet sich ein Kaugummi. Da kommt ein Löwe, schnappt sich diesen Kaugummi und verwandelt sich deshalb in eine kleine Maus. Die beginnt zu wachsen und wird ein großes Nilpferd mit großen Ohren. Es trägt einen Pullover, aus dem wie aus einer Quelle Wasser fließt. Dieses Wasser tropft auf ein Radio, auf dem Staub liegt. Darauf steht ein Telefon, in dessen Hörer ein Uhu sitzt. Der hat ein Veilchen im Mund. Von dem Veilchen tropft Wasser herunter und fällt so auf den Boden, dass es ein X bildet. Das X verwandelt sich in ein Y, das zu einem Zoo fließt.

zB Sie könnten etwa sagen: Die ganze Familie sitzt auf diesem Esel – welches Instrument hat denn die Familie gespielt? Wahrscheinlich wird Ihr Kind antworten: Gitarre.

! Mit solchen Zwischenfragen können Sie nachvollziehen, ob Ihr Kind die Geschichte verstanden hat. Nehmen Sie sich Zeit, erzählen Sie die Geschichte so oft, bis Sie sicher sein können, dass Ihr Kind sie wirklich im Kopf hat.
Erstes Zwischenziel ist es, dass Ihr Kind die Geschichte nacherzählen kann. Fordern Sie es einfach auf: Bitte erzähl du jetzt mal die Geschichte, ich bin ganz gespannt, ob du das kannst.

Wenn Ihr Kind Fehler macht, etwa in der Reihenfolge oder wenn es etwas vergisst, fragen Sie etwa: Ist in diesem Joghurt noch etwas drin? Weisen Sie Ihr Kind nicht auf Fehler hin, sondern helfen Sie ihm, sich zu erinnern. Es soll ja Spaß an der Sache haben und nicht frustriert die Flinte ins Korn werfen!

Nach ein paar Wiederholungen wird diese Geschichte fest im Kopf Ihres Kindes verankert sein. Erst jetzt sollten Sie Ihr Kind mit der Auflösung konfrontieren: Schau mal, jetzt haben wir das Alphabet gelernt!

Es steht nämlich A für Apfel, B für Baum, C für Clementine, D ist der Deckel, E der Esel, F die Familie und so weiter. Diese Buchstaben soll das Kind in seiner Vorstellung sehen können.

Und jetzt abstrahieren Sie die ganze Sache: Schauen Sie mal, ob Ihr Kind in der Lage ist, die Buchstaben des Alphabets nach dieser Geschichte aufzusagen.

*

Ich möchte Ihnen an dieser Stelle nochmal etwas von meiner Tochter erzählen: Als dieses Geschichtchen bei meiner Tochter angekommen

war, da habe ich sie natürlich überschwänglich gelobt: Es sei ja ganz toll, sie könne jetzt das Alphabet in der richtigen Reihenfolge!
Bianca ist daraufhin ganz stolz zu ihrer Mutter gerannt und hat ihr erzählt, dass sie jetzt das Alphabet kann. „Willst du es mal hören?" Der Stolz und die tiefe Befriedigung, etwas Neues zu können, hat die Motivation ausgelöst, diese Geschichte weiterzuerzählen.

Im Laufe der nächsten drei Wochen hat meine Tochter sicher fünfundzwanzig bis dreißig Mal gesagt, sie wolle noch einmal und noch einmal die Geschichte vom Apfel erzählen, der vom Baum herunter gefallen ist – sie wollte nämlich einfach wieder gelobt werden!

Später kam sie einmal zu mir und fragte: „Was für ein Buchstabe kommt eigentlich nach dem H?" Und dann erinnerte ich sie lediglich: „Was kommt denn nach dem Hammer in der Geschichte?" – „Ja natürlich, der Esel sagt i-a, das muss ja das I sein!" Und das bedeutete, dass diese Geschichte und damit das Alphabet in ihrem Köpfchen wirklich angekommen war und im Unterbewusstsein automatisch verarbeitet wurde.

Sie sehen, es gibt also zwei Möglichkeiten, sich Dinge in einer bestimmten Reihenfolge merken zu können. Das eine ist eine so genannte Hakenbriefkastenliste, Haken für einen Bilderhaken, den wir brauchen, um ein Bild aufzuhängen und Briefkasten, um die Post abzulegen. Eine solche Liste ist die Körperliste.

Zusätzlich gibt ihnen die Körperliste noch die Möglichkeit, zur Reihenfolge die Nummerierung festzuhalten – sie wissen also dann, dass der Punkt acht bei der Einkaufsliste eindeutig die Seife (am Hals) war und der dritte Punkt das Mehl auf dem Oberschenkel.

Bei einer Geschichte hingegen können Sie zwar die richtige Reihenfolge, die Nummerierung ist aber nicht zwingend nachvollziehbar, weil Ihnen eine Geschichte nur begrenzt die Möglichkeit gibt, zu erkennen, was zum Beispiel das dreizehnte Buchstabenbild war. In diesem Falle müssten Sie wieder neu zählen.
Im Gegenzug können Sie mit einer Geschichte Dinge schneller verknüpfen als mit einer Briefkastenliste.

! *Ich denke, es ist wichtig, dass man beide Techniken kennt, beherrscht und auch ein wenig damit jonglieren kann. Wann macht es Sinn, eine Geschichte zu erzählen, und wann ist es besser, sich eine Briefkastenliste zu merken? Es* *kommt darauf an, ob Sie eine Nummerierung brauchen oder nicht.*

Eine Briefkastenliste bietet einen unter Umständen wichtigen Vorteil: Nehmen wir einmal an, Sie haben etwas aus der Briefkastenliste vergessen, zum Beispiel, dass die Salami auf der Brust liegt, dann haben Sie nicht automatisch auch vergessen, dass die Brille an der Taille steck oder das Flugzeug auf den Schultern landet. Es ist etwas mehr Sicherheit eingebaut bei der Briefkastenliste.

Bei einer Geschichte hingegen sind Sie, wenn Sie mal den Faden verlieren, vielleicht nicht mehr in der Lage zurückzufinden. Dafür können Sie eine Geschichte ungefähr drei bis vier Mal schneller lernen.

*

5 Rechtschreibung

Das nächste Problem wollen wir auch wieder mit einer Geschichte lösen. Nehmen wir mal an, Sie möchten Ihrem Kind ein wenig helfen, Orthografiefehler, also Rechtschreibfehler zu vermeiden. Dabei geht es ja nicht um eine bestimmte Reihenfolge, also kämen wir mit einer Briefkastenliste nicht sonderlich weit.
Sie wollen lediglich punktuell ein bestimmtes Problem lösen, Ihrem Kind beibringen, dass ein bestimmtes Wort so und nicht anders geschrieben wird.

Dafür verwenden wir folgenden Ansatz: Wir machen kleine Minigeschichten aus dem Wort, das zu schreiben ist, und bauen geschickt versteckt die gewünschte Korrektur mit ein.

nemen (nehmen)
ziehn (ziehen)
lauffen (laufen)
Strase (Straße)
Libe (Liebe)

Sie lesen jetzt also „nemen" und sehen, Ihr Kind hat das Wort ohne H geschrieben. Und Sie möchten natürlich, dass es „sieht", dass man das Wort nehmen mit H schreibt.

Sie können jetzt nicht einfach hingehen und Ihrem Kind Orthographie oder Grammatikregeln erklären – das funktioniert so nicht. Ihr Kind muss das Bild plastisch sehen, also können Sie es etwa nach einem Satz fragen, in dem das Wort „nehmen" vorkommt. Meine Tochter sagte damals spontan: Ich nehme das Lego aus dem Schrank." Und schon haben Sie ein Bild, in das Sie eine kleine Geschichte einhängen können. Ihr Kind hat ja eine selbst gewählte Vorstellung des Wortes „nehmen", nämlich diese Handlung, wie es Legobausteine aus dem Schrank nimmt.

Und dann habe ich zu Bianca gesagt: „Gut, dann stell dir mal in deinen Gedanken vor, du baust mit diesen Legos einen Hund." Sie hat im gleichen Moment, als ich Hund sagte, zum Wort „nehmen" ein H dazu gemalt, genau an der Stelle, wo es hingehört. Sie wusste bereits, dass man Hund mit H schreibt.

! *Voraussetzung ist also, dass Ihr Kind weiß, wie man Hund schreibt. Dann ist die Chance relativ groß, dass es in kürzester Zeit das Wort „nehmen" richtig hinschreibt – und auch in Zukunft meistens richtig schreiben wird.*

_aB_ Nehmen wir das nächste Wort: „ziehn". Fragen Sie etwa: „Stell dir doch mal vor, du ziehst an einem Seil und am anderen Seilende ist ein Elefant angebunden." Was passiert? Der Elefant steht für das vergessene E, und das Bild mit dem Elefanten am anderen Ende des Seils wird Ihr Kind immer daran erinnern, „ziehen" richtig zu schreiben.

_aB_ Vielleicht hat Ihr Kind „laufen" mit zwei F geschrieben, dann sagen Sie ihm: „Stell dir vor, du läufst in die Schule. Aber von hier in die Schule musst du nur einmal laufen und dann bist du schon dort. Du musst nicht zweimal hingehen, es reicht, wenn du einmal hingehst." Und somit erkennt Ihr Kind, wo es einen Fehler gemacht hat, ohne dass Sie es direkt darauf hingewiesen haben.

! *Dadurch, dass Sie direkte Kritik vermeiden, helfen Sie Ihrem Kind, motiviert zu bleiben und gerne zu lernen.*

Wichtig ist, dass die Bilder ganz einfach, simpel und sehr deutlich sind. Was ist nun das Schlimmste, was Ihnen passieren kann? Dass Ihr Kind das Wort „laufen" doch wieder mit zwei F schreibt. Dann suchen Sie sich ein besseres Bild. Sie können ja so lange Bilder suchen und variieren, bis Sie merken, dass es die Sache begriffen hat. Sie sehen „Strase" und möchten Ihrem Kind mit einer kleinen Geschichte erklären, dass hier ein ß hingehört. Fragen Sie mal Ihr Kind, ob ihm etwas dazu einfällt – Sie werden staunen, wie kreativ Kinder hier sind. Und die selbst erfundene Geschichte leuchtet Ihrem Kind auch am schnellsten ein!

 Kommt kein Vorschlag, könnten Sie eventuell sagen: „Stell dir vor, du fährst mit dem Roller die Straße entlang und da liegen zwei Seile auf dem Boden. Dann fährst du drüber und das schüttelt dich doch ein wenig, nicht wahr?" Dann machen Sie zwei Hopser und Sie werden sehen, dass Ihr Kind gleich mithopst. Und so haben Sie ein liegendes ß gemalt, Ihr Kind wird sich dieses Hopsen merken und somit auch das ß.

Denken Sie auch hier daran: Meine Vorschläge sind genau das: Vorschläge. Sicher fallen Ihnen eigene Geschichten ein. Entwickeln Sie mit Ihrem Nachwuchs zusammen lustige, einfache und manchmal auch skurrile Bilder, um die richtige Schreibweise im Kopf Ihres Kindes zu verankern.

 Das Wort „Libe" wurde also ohne E geschrieben. Fragen Sie Ihr Kind nach einem Bild eines Tieres oder eines Gegenstandes mit E, den das Kind gerne hat, Elefant oder Esel oder vielleicht eine elektrische Eisenbahn. Hauptsache, beim Kind wird ein gutes Gefühl ausgelöst. Und wenn jetzt Ihr Kind sagt, dass es Elefanten liebt, dann sagen Sie: „Siehst du, Liebe schreibt man mit E."

Sobald Sie Ihre kleinen Wortgeschichten aufgebaut und durchgesprochen haben, lassen Sie Ihr Kind ein Blatt Papier nehmen und diktieren Sie die jeweiligen Wörter. Dann schauen Sie mal, ob die Schreibweise jetzt richtig ist.

Sollten sich noch Fehler eingeschlichen haben, wiederholen Sie manche Geschichten oder lassen Sie sich gemeinsam neue einfallen. Am nächsten Tag sollten Sie das Diktat wiederholen, um zu sehen, ob die richtige Schreibweise jetzt „sitzt". Außerdem wird durch das Wiederholen das Erlernte jetzt auch noch in das Langzeitgedächtnis gespeichert.

Alles, was Sie bis hierher lernen, wie die Einkaufsliste oder die Wochentage bleibt zunächst nur im Kurzzeitgedächtnis, sie lernen es etwa für einen Tag. Und nach einem Tag beginnt das Vergessen, das heißt, Sie und Ihr Kind sollten die Information noch mal einspeichern. Dies sollte über einen Zeitraum von mehreren Tagen wiederholt werden, damit der Stoff wirklich im Langzeitgedächtnis landet.

! *Grundsätzlich lässt sich sagen, dass die Geschichten und Bilder während der nächsten zwei Wochen sechs bis sieben Mal wiederholt werden sollten. So wird Ihr Kind „für den Rest seines Lebens" wissen, wie die Wörter richtig geschrieben werden.*

6 Zahlen merken

Manche Menschen können sich Zahlen, etwa für Formeln oder Rechenbeispiele, mit Tönen merken – sie hören also ein Tonbild von Acht, Sieben oder Sechs. Sie haben scheinbar die Fähigkeit in die Wiege gelegt bekommen, eine Zahl zu hören und sich diese leicht merken zu können. Andere brauchen klare Vorstellungen, um sich an Zahlen zu erinnern. Dabei dürfte es sich in der Tat um gewisse genetische Voraussetzungen handeln. Mehr jedoch handelt es sich dabei um die erlernte Fähigkeit, im Gehirn Bild- und Gefühlsmuster zu speichern, die das Zahlen-Merken erleichtern.

Wenn Sie und Ihr Kind sich mit Zahlen, Formeln und Mathematik schwer tun, schlage ich Ihnen folgende Vorgehensweise vor: Es hilft enorm, sich folgende Zahlenbilder zu merken, um dann damit spielen zu können. Ich werde Ihnen jetzt die ersten zehn Ziffern von Eins bis Neun und die Null in Form von Bildern vorstellen, die Sie dann spielerisch einsetzen können, um sich Zahlen besser merken zu können.

☞ *Sie sehen jetzt eine Zahlenliste und daneben die entsprechenden Wörter.*

1 – Baum

 6 – Würfel

 2 – Lichtschalter

 7 – Zwerg

 3 – Hocker

 8 – Achterbahn

 4 – Auto

 9 – Katze

 5 – Hand

 0 – Hühnerei

Warum steht neben der Eins der Baum? Der Baumstamm hat die Form einer Eins. Dies können Sie einem Kind sehr gut klar machen. Eins steht für das Bild Baum.

Zwei ist der Lichtschalter, denn sie können das Licht ein- und ausschalten, hell oder dunkel machen – zwei Möglichkeiten, also zwei.

Drei ist der Hocker, der drei Beine haben muss, um nicht umzufallen. Vielleicht bauen Sie ein kleines Modell eines dreibeinigen Schemels aus Schaschlikspießchen und Pappe – das sieht lustig aus (visuelles Bild), lässt sich anfassen (haptisches Bild) und macht ganz einfach Ihnen und Ihrem Kind Spaß (Gefühle sind perfekte Erinnerungshilfen!).

Vier ist ein Auto mit vier Rädern. Fünf ist eine Hand mit fünf Fingern. Sechs ist ein Würfel mit sechs Seiten. Sieben sind die sieben Zwerge. Acht ist eine Achterbahn. Neun ist eine Katze. Malen Sie Ihrem Kind eine ganz einfache Zeichnung: Hinterpfoten und Schwanz wie eine Neun geformt). Und die Null ist ein Ei, ganz klar.

☞ *Jetzt sollten Sie sich die Zahlenbilder so lange aufmalen und hinschreiben, bis Sie alle zehn Zahlenbilder beherrschen.*

Wenn Sie das können, beschäftigen Sie sich gemeinsam mit Ihrem Kind damit, bis es in der Lage ist, selbstständig ohne langes Nachdenken zu sagen: Sieben ist ein Zwerg, Neun ist eine Katze, Drei ist ein Hocker und so weiter.

Sobald Sie beide diese Liste im Kopf haben, wollen wir mit diesen Zahlenbildern ein wenig jonglieren. Also lesen Sie erst dann im Buch weiter, wenn diese Zahlenliste sitzt. Also los geht's!

*

Ich gehe jetzt davon aus, dass Sie diese zehn Zahlenbilder kennen und Ihr Kind auch. Also wollen wir uns gemeinsam ein wenig damit beschäftigen.

☞ *Schauen Sie sich jetzt mal die folgende zwölfstellige Zahl an.*

384297516507

☞ *Diese können wir uns jetzt anhand einer Geschichte merken. Ich gebe Ihnen hierfür ein Beispiel, wie ich diese zwölf Ziffern in Bilder verwandle.*

🅱 Drei ist doch ein Hocker. Also stelle ich mir jetzt vor, ich sehe vor meinen inneren Augen einen Hocker. Auf diesen Hocker stelle ich eine Achterbahn. Auf dieser fährt ein Auto mit eingeschaltetem Licht. Das ist zwar kein Lichtschalter, sondern ich verwende hier ein ähnliches Bild – Hauptsache die Assoziation mit dem Licht ist da. Es ist also nicht zwingend, dass Sie immer genau dieselben Wörter nehmen, nur auf die Ähnlichkeiten kommt es an.

Also, ich sehe einen Hocker mit einer Achterbahn, da fährt ein Auto mit Licht. Dann sehe ich in diesem beleuchteten Auto eine Katze sitzen, hinten sitzt ein Zwerg. Und der Zwerg hat in seiner Hand einen kleinen Baum. Auf diesem Baum wächst ein Würfel.

Dann nehme ich mit der Hand den Würfel herunter und finde darin ein Ei. In diesem Ei sitzt Schneewittchen. Das ist wieder ein Beispiel für die eben erwähnten notwendigen Ähnlichkeiten, ich habe die Sieben variiert. Einmal sehe ich die Zwerge und einmal sehe ich Schneewittchen. Beide symbolisieren die Sieben. Sie sehen, die Zahlenbilder sind gar nicht stur, sondern dürfen auch flexibel verwendet werden.

Wie weit sind wir jetzt? Sie sehen einen Hocker, da ist eine Achterbahn mit einem Auto mit Licht, die Katze sitzt vorne, hinten ein Zwerg, der hat in der Hand einen Baum, daran hängt ein Würfel, den pflücken Sie mit der Hand. In dem Würfel fühlen Sie ein Ei und in diesem Ei sitzt Schneewittchen.

☞ *Nachdem Sie die Geschichte nun zweimal gelesen haben, versuchen Sie einmal die Zahl hier aufschreiben.*

*

☞ *Sie können schon zufrieden sein, wenn Sie nur die Hälfte richtig können. Schauen Sie sich jetzt die Zahl auf Seite 53 wieder an, lassen Sie sich die Geschichte noch einmal durch den Kopf gehen und dann schreiben Sie die Zahl noch mal hin.*

☞ *Erfahrungsgemäß können Sie beim dritten Mal die Zahl perfekt hinschreiben. Spielen Sie nun das gleiche Spiel mit Ihrem Kind. Los geht's!*

*

War das nicht ein tolles Erlebnis? Plötzlich kann man sich eine zwölfstellige Zahl merken und sogar noch mit dem Gefühl der Sicherheit, dass die Reihenfolge stimmt. Das heißt, wenn Sie die Zahl hinschreiben, merken Sie, ob Sie sicher oder unsicher sind. Sollten Sie an manchen Stellen keine Ahnung mehr haben, wie Sie ein Loch in Ihrer Zahlenkette stopfen können, gehen Sie die Geschichte einfach nochmal durch.

☞ *Zu Übungszwecken sollten Sie nun weitere zwölfstellige Zahlen mit Ihren eigenen Geschichten ausfüllen. Seien Sie mal Ihr eigener Regisseur im Kino Ihres Kopfes. Sie werden feststellen: Je mehr Sie üben, desto leichter fällt Ihnen die ganze Sache!*

486920654811
587998035218
175900245639

*

! *Sie haben fleißig geübt? Es ist wichtig, dass Sie dieses Erfolgserlebnis haben, mehrere Zahlen in den Kopf bekommen zu können. Schreiben Sie alle vier Zahlen auswendig hin, Sie werden feststellen, dass es klappt, ohne dass Sie die Zahlen durcheinander bringen.*

*

B Was tun Sie nun beim Kopfrechnen? Nehmen wir mal folgendes Beispiel: Ihre Tochter oder Ihr Sohn kann sieben mal acht nicht ausrechnen. Da könnten Sie Folgendes sagen: Ich sehe einen Zwerg, der geht mal auf die Achterbahn, dort nimmt er in seine Hand einen Würfel. Was sieht Ihr Kind? Sieben mal acht ist fünf/sechs, also 56. Dies ist die Reihenfolge, wie man es schreibt.

Sie hätten es auch umgekehrt formulieren können: Der Zwerg würfelt mit seiner Hand, die Sechs zuerst, dann die Fünf, dann ist es so, wie es ausgesprochen wird.

! *Die können gemeinsam mit Ihrem Kind ent-*
scheiden, mit welcher Reihenfolge es leichter
lernt. Die meisten Kinder lernen es interessanter-
weise am einfachsten so, wie man es schreibt.

zB Oder die Rechnung sieben mal sieben ist
neunundvierzig. Da kann ich Ihnen eine
Geschichte erzählen: Zwei Zwerge gehen in ein
Auto, am Steuer sitzt eine Katze. Dann sehen Sie,
sieben Mal sieben sind die zwei Zwerge, die
gehen ins Auto = vier, die Katze am Steuer ist die
Nummer Neun.
Es spielt dabei keine Rolle, welche Zahlen gelernt
werden sollen: Zahlen aus der Geschichte,
Telefonnummern, Kopfrechnen usw.

Meine alte Telefonnummer beispielsweise, die ich
mal vor zwölf Jahren hatte, war die 767 17 74.
Und meine Tochter konnte im Kindergarten praktisch jedem Kind die Telefonnummer geben. Was
hatte Bianca mit der Nummer gemacht? Sie hat
sie angeschaut und gesagt: „Da ist ein Zwerg, der
würfelt mit einem anderen Zwerg, sie sitzen auf
einem Baum, oben sitzt noch ein Zwerg und
unten fährt ein Zwerg mit einem Auto vorbei."

Für so kleine Zahlen reicht diese System aus,
noch kommen weder Sie noch Ihr Kind durcheinander. Wenn Sie sich allerdings mehr und größe-

re Zahlen merken wollen, brauchen Sie eine Zahlenliste von Eins bis Neunundneunzig, damit Sie sich Paare merken können und nicht nur Ziffern. Diese finden Sie in einem weiteren Buch aus dieser Reihe: „Was, heute war das? Geburtstage, PINS und andere wichtige Zahlen nie mehr vergessen". In der Regel reicht die Ziffernliste, die Sie hier gelernt haben, für Kinder aus. Wenn Sie sich für das Thema interessieren: Im Anhang finden Sie Infos zu den erhältlichen CDs, da haben Sie viel Stoff zum Üben!

7 Spicken in der Schule

Was machen Kinder eigentlich in der Schule, wenn sie spicken? Das spicken geht ja erst los, wenn komplexe Themen drankommen. Und es ist eigentlich eine intelligente Angelegenheit!

Der Spicker zwingt sich ja, eine Zusammenfassung des Lernstoffes zu erstellen – und dazu muss der Stoff erst einmal begriffen worden sein. Sonst macht der Spickzettel in der Regel keinen Sinn.

Vergleichen lässt sich das etwa mit einer freien Rede, die Sie vorbereiten. Sie überlegen sich, was und wie Sie es sagen wollen, Sie müssen also den Stoff im Kopf haben. Um Ihre Rede frei halten zu können, sollten Sie sich einen Spickzettel mit beispielsweise 20 Stichwörtern zusammenstellen, anhand derer Sie dann Ihre Rede frei und mit der Möglichkeit, auf Ihr Publikum zu reagieren, halten.

Der Spickzettel in der Schule funktioniert genauso. Der Stoff ist in irgendeiner Weise im Kopf, und der Zettel soll helfen, alles aus dem Kopf aufs Papier zu bekommen. Dumm wird´s nur, wenn der Lehrer den Zettel findet ... Es wäre also höchst praktisch, einen Spickzettel zu haben, den der Lehrer nicht finden kann.

☞ Wir werden nun eine Wortliste von zwanzig Worten, eben einen Spickzettel, gemeinsam durchgehen. Es sind zwanzig Länder in Europa, die in einer ganz bestimmten Reihenfolge aufgeschrieben worden sind.

Wir beginnen in Irland und gehen grob von oben links nach unten links vor, in einer halbwegs vernünftigen Reihenfolge. Und ich werde Ihnen am Schluss noch zeigen, wie Sie ganz sicher sein können, dass Sie bei jedem Ländernamen sicher wissen, wo er sich auf der Landkarte befindet, indem Sie sich noch physische Gegebenheiten der Grenzverläufe dazu merken.

Dieses Spiel habe ich mal mit Neunjährigen in einer Schule in Weinfelden (Kanton Thurgau) gespielt. Es war faszinierend zu sehen, wie die Kinder innerhalb von sechs, sieben Minuten einfach zwanzig, fünfundzwanzig Länder aus Europa in der richtigen Reihenfolge sagen konnten und auch wussten, wo Rumänien liegt, wenn ich danach fragte. Die Kinder konnten die Länder auf der Karte zeigen, ohne dass sie jeweils die ganze Geschichte durchdenken mussten.

☞ Aber wir wollen das Schritt für Schritt angehen. Zuerst mal sehen Sie die Länderliste, dann lernen wir sie auswendig und dann können

wir uns darum kümmern, welches das eine oder andere Land ist.

Nun reicht uns die Körperliste aus Kapitel 2 nicht mehr aus, wir haben da ja nur zehn Plätze zur Verfügung. Wir benötigen also eine zusätzliche Liste, weil wir ja zwanzig Länder haben.

Also was lernen wir jetzt? Ich möchte Ihnen hier eine Technik zeigen, die schon die alten Römer kannten. Sie nannten sie Tempeltechnik. Meine Zimmerliste ist eigentlich der gleiche Vorgang, nur dass man eben jetzt in virtuellen Zimmern Informationen ablegen will. Dieses System lässt sich beliebig erweitern, mit verschiedenen Räumen, so dass, sagen wir, zehn Zimmer mit je zehn Briefkästen = 100 Briefkästen zur Verfügung stehen. Aber halt, wir fangen erst mal mit einem Zimmer an.

☞ *Stellen Sie sich eine Küche vor. Da gibt es einen Herd und obendrauf steht eine Pfanne, die werden Sie jetzt im Waschbecken spülen. Daneben stehen der Abfalleimer und der Kühlschrank, den Sie übrigens mit der Hand öffnen. Jetzt haben Sie schon die ersten fünf Dinge in Ihrer Küche im Kopf. Das ist der Herd, die Pfanne, das Waschbecken, der Abfalleimer und der Kühlschrank. Und weil wir den Kühlschrank mit der Hand öffnen, ist das der fünfte Punkt auf der Liste, weil ja die Hand fünf Finger hat, – das ist Ihr Anker, damit Sie nicht nachzählen müssen.*

Im Kühlschrank drin finden Sie Milch und Butter und über die Butter rennen die sieben Zwerge (= Ihr Anker, um nicht zählen zu müssen.) Neben dem Kühlschrank steht ein Mikrowellenofen, das Geschirr ist der neunte und das Besteck der zehnte Punkt.

Somit können Sie jetzt die Küche mal im Kopf durchdenken. Sie beginnen beim Herd, dann Pfanne, Waschbecken, Abfalleimer, Kühlschrank, den wir mit der Hand öffnen, dann Milch, Butter (mit den sieben Zwergen!), Mikrowellenofen, Geschirr und als Letztes noch das Besteck.

☞ *Schreiben Sie jetzt an dieser Stelle, so gut es geht, diese zehn Dinge der Küche auf. Korrigieren Sie so lange, bis Sie in der Lage sind, diese zehn Gegenstände in der richtigen Reihenfolge zu sagen. Tun Sie das jetzt und kehren Sie dann zurück zum Text.*

1. _____
2. _____
3. _____
4. _____
5. _____
6. _____
7. _____
8. _____
9. _____
10. _____

So, jetzt haben Sie bereits wieder zehn Briefkästen, die es Ihnen ermöglichen, sich zehn Dinge zu merken. Wir werden jetzt ein konkretes

Beispiel lernen. Wie gesagt, es geht um die Liste von zwanzig Ländern, die in Europa von oben links bei Irland beginnen und unten links in den östlichen Teilen von Europa enden. Schauen Sie sich diese Liste einmal an und dann überlegen wir uns, wie wir diese Liste in der richtigen Reihenfolge auswendig lernen können.

! *Die Reihenfolge ist natürlich frei wählbar. Sie können die Liste auch nach der Größe der Länder oder vielleicht von Norden nach Süden sortieren. Ich habe mich für diese Reihenfolge entschieden, weil das auf der Landkarte für die meisten Schüler in der Schule recht gut nachvollziehbar ist.*

Also, schauen Sie sich mal die Liste an und dann werde ich Ihnen erklären, wie ich die Liste in der Schule mit den Kindern lerne. Lassen Sie sich ruhig etwas Zeit.

1. Irland	11. Italien
2. England	12. Norwegen
3. Portugal	13. Schweden
4. Spanien	14. Finnland
5. Frankreich	15. Dänemark
6. Holland	16. Deutschland
7. Belgien	17. Polen
8. Luxemburg	18. Tschechien

Beginnen wir nun mit der Körperliste bei der Zehe und Irland. Stellen Sie sich vor, Sie irren mit Ihren Füßen auf einem Stück Land herum. Dies wäre ein gutes Tonbild, da es ähnlich klingt. Sie könnten auch ein Symbol wie irisches Moos herleiten, auf dem Sie mit bloßen Füßen herumspazieren. Meine Schüler dachten da eher an die Kelly Family. Und somit sehen Sie bei den Füßen das Wort Irland.

Auf dem Knie sitzt nun ein Engel für England. In der Hosentasche beim Oberschenkel liegt ein Portemonnaie, das wäre Portugal. In das Gesäß piekt Sie bei einem spanischen Stierkampf ein Stier. Um Ihre Taille tragen Sie einen Gürtel, an dem hängt ein Sack voll Franken, Sie sind also reich – Frankreich.

Auf Ihrer Brust sehen Sie vielleicht für Holland die Frau Holle, die ihre Betten ausschüttelt. Auf Ihrer Schulter steht ein Hund, der bellt für Belgien. Am Hals sitzt ein Luchs mit spitzen Ohren – Luxemburg. Was macht Ihr Gesicht? Sie essen feine Schweizer Schokolade, also steht die Neun für die Schweiz. Und auf Ihrem Kopf steht ein guter Skiläufer – für Österreich. Somit können Sie mit Ihrer Körperliste, sobald die Bilder verankert sind, tatsächlich diese zehn Länder in der richtigen Reihenfolge sagen.

👉 *Decken sie die Geschichte jetzt falls nötig ab und schreiben Sie möglichst alle Länder auf. Wenn es nicht gleich funktioniert, dann lesen Sie noch mal nach und wenn Sie die zehn Länder-namen beherrschen, lesen Sie weiter.*

*

Ein schönes Erlebnis, nicht wahr? Sie können die ersten zehn Länder! Jetzt nehmen wir die nächsten zehn und gehen in die Küche.

 Sie kochen auf dem Herd Spaghetti für Italien. Und in der Pfanne brutzelt norwegischer Lachs. Schweden können Sie mit der schwedischen Königsfamilie symbolisieren, dann sehen Sie im Waschbecken eine Illustrierte mit einem entsprechenden Titelbild oder eine Postkarte mit einem Bild vom schwedischen Schloss.

Dann schauen Sie zum Abfalleimer, dort finden Sie ein Stück Land – Finnland. Und vor der Tür vom Kühlschrank kommen Ihnen die Tränen, schon sind wir bei Dänemark. Bei der Milch denken Sie an deutsche Kühe und bei der Butter sehen Sie den Pol – Polen. Im Mikrowellenofen sehen Sie vielleicht einen Eishockeyspieler und denken an Tschechien, weil die Tschechen gut Eishockey spielen. Oder vielleicht tanzt jemand Cha-Cha-Cha, weil es mit „tsch" anfängt, Hauptsache, wir finden ein Bild für Tschechien.

Wenn Sie das Geschirr anschauen, sehen Sie vielleicht, dass Sie das ganz langsam waschen, wenn Sie es waschen. Langsam = slow auf Englisch und erinnert und an die Slowakei. Vom Besteck könnte man mit einem Messer ein Fässchen Rum anstechen für Rumänien – und schon sind wir durch die Liste durch!

☞ *Überlegen Sie in aller Ruhe, welche dieser zehn neuen Länder Sie jetzt können. Wenn Sie drei bis vier Mal brauchen, bis Sie sie beherrschen und immer wieder im Buch nachschauen, dann ist dies okay. Üben Sie also und kommen dann wieder zum Buch zurück.*

1. _____
2. _____
3. _____
4. _____
5. _____
6. _____
7. _____
8. _____
9. _____
10. _____

Jetzt stellt sich noch die Frage, was notwendig ist, um sich die einzelnen Länder losgelöst von den anderen zu merken – dass Sie zum Beispiel Spanien bereits anhand der Umrisse erkennen können.

Da gibt es einen ganz einfachen Trick: Nehmen Sie die Umrisse des Landes und stellen Sie sich vor, das wäre ein Bild, so, wie Sie sich früher Wolkenbilder ausgedacht haben. Sie sahen (oder sehen?!) Wolken und haben sich vielleicht vorgestellt, es wären Drachen und Schlösser und Autos, oder was immer Sie gesehen haben.

Bei Spanien habe ich gemerkt, dass die oberen beiden Enden von Spanien ein wenig aussehen wie Stierhörner. Das habe ich mir dann gemerkt, und wenn ich einem Kind diesen Stier quasi in Gedanken vormale, sieht es ja vielleicht wirklich die Landkarte und die beiden Stierhörner. Dann sagt es, das wäre Spanien – wegen des Stierkampfs.

Und England habe ich mir dann so dargestellt: Ein wenig sieht es ja aus wie ein Christbaum, der da steht, mit der Spitze oben, und dann habe ich in Gedanken kleine Engelchen an den Christbaum gehängt.

Rumänien habe ich den Kindern erklärt, indem ich ein Rumfass mit einer Öffnung auf der rechten Seite vor unseren geistigen Augen malte. Und obwohl das eigentlich überhaupt nichts mit einem Rumfass zu tun hat, haben es die Kinder sofort verstanden. Sie sahen den Rum und das war dann Rumänien.

Österreich hat irgendwie Ähnlichkeit mit einem Hähnchenschenkel, also dachte ich, da sitze ich doch in einem österreichischen Restaurant und esse Hähnchen. Somit erkenne ich über diese Ähnlichkeit mit einem Hähnchen das Land Österreich.

Bei der Schweiz können Sie jetzt mal selbst fantasieren: Sagen Sie sich, das sieht aus wie ein Käse oder wie eine Schokolade oder wie ein Schweizer, der mit zwei Beinen in gebückter Haltung dasteht.

! *Es ist, wie gesagt, eigentlich völlig egal, was Sie sich vorstellen. Natürlich, jeder sieht bei Italien den Stiefel. Wenn das noch nicht reicht, sehen Sie im Stiefel drin Spaghetti, dann wissen Sie, das ist Italien. Diese Bilder sind frei wählbar, es kommt nur darauf an, dass Sie für sich und für Ihre Kinder Bilder wählen, an die Sie sich erinnern können. Auch wenn Ihr Kind andere Bilder wählt als Sie, ist das völlig unerheblich. Hauptsache, Ihr Kind hat für sich die passenden Bilder.*

*

Nun wollen wir das bisher Gelernte zusammenfassen. Sie sehen einerseits über die Körperliste und andererseits über die Raumliste, dass Sie die zwanzig Länder in der richtigen Reihenfolge aufsagen können. Voraussetzung ist natürlich dann, dass die zwanzig Länder in einer Reihenfolge gelernt wurden, die Sie als vernünftig empfinden, und Sie können zusätzlich mit dieser Verknüpfung der einzelnen Ländernamen mit der bildhaften Umsetzung der Umrisse der Länder auch noch definieren, welches Land genau wo liegt.

Sie können sich jetzt auf der Landkarte auf Seite 65 jedes Land von Europa anschauen und sich überlegen, welches Bild Sie welchem Umriss zuordnen möchten. Das ist eine schöne Übung, die Sie jetzt sofort machen könnten.

*

Wenn Sie das alles mit Ihrem Kind üben, richten Sie sich dabei bitte nach dem individuellen Lerntempo Ihres Kindes. Aufgaben wie das Umrissbildermalen sind für Kinder recht unterhaltsam, so etwas können Sie übrigens während langen Autofahrten üben, indem Sie Wolken oder Bäume entsprechend interpretieren.

Wichtig ist natürlich, dass Sie Ihrem Kind mal wieder eine kleine Belohnung spendieren, wenn es zum Beispiel alle Länder aufsagen und sie auf einer Karte sofort finden kann. Das brauchen keine Süßigkeiten zu sein, ein schöner Spaziergang in den Zoo oder mal Drachen fliegen gehen macht viel mehr Spaß!

*

Nun wollen wir uns als letzte Übung in diesem Buch mit Fremdwörtern befassen. Zum einen tauchen solche im Sprachgebrauch auf, aber auch beim Erlernen einer Fremdsprache ist diese Technik hilfreich.

Wie kann ich einem Kind, acht oder neun Jahre alt, beispielsweise Französischwörter beibringen? Ich denke, das ist ein Thema, das jetzt vermehrt zum Tragen kommt, weil die Schule relativ früh mit Sprachenlernen beginnt. Im Grunde funktioniert die Technik so ähnlich wie das Beheben der Orthografiefehler.

8 Fremdwörter lernen

Der Trick ist, alle Französisch-, Englisch- oder Russischwörter, also gleich in welcher Sprache, in Tonbilder zu verwandeln. Ein Tonbild ist zum Beispiel, wenn Ihr Kind das Wort *l'embouchure* hört. Es merkt sich natürlich nicht das Schriftbild, sondern es hört das Tonbild und versucht dann, im Kopf Ähnlichkeiten zu finden, die es abgleichen kann.

Ein Lamm, das in einem Busch eine Uhr findet, wäre etwa so eine Ähnlichkeit: LammBuschUhr – *l'embouchure*. Aufgrund des Hörgedächtnisses wird das Kind dann nicht LammBuschUhr sagen, sondern es französisch aussprechen: *l'embouchure*.

Jetzt brauchen Sie aber noch die Übersetzung. Das Wort heißt auf Deutsch *Mündung*. Also wäre der Trick, dass Sie sagen: das Lamm, das im Busch die Uhr findet, rennt dann noch in eine Flussmündung. Und jetzt sehen Sie tatsächlich, dass Ihr Kind plötzlich *l'embouchure = Mündung* sagen kann.

_aB_ Das englische Wort _beckon_ heißt auf Deutsch _winken, jemandem zuwinken_. Das kann ich mir vorstellen, wenn mir jemand zuwinkt, dann muss er sich auch zu mir herdrehen, die Bewegung sehe ich in seinem Becken – weil ich das Wort Becken in _beckon_ sehe und so winken und _beckon_ in Gedanken verknüpfen kann.

Diese System, schwierige Wörter in kleine Bilder oder Bildgeschichten zu transferieren, habe ich gerade mit meinen Kindern sehr häufig und mit großem Erfolg angewendet.

_aB_ Meine Tochter wollte unbedingt den Film ‚The Beauty and The Beast' anschauen, aber ich wollte von ihr zuerst hören, wie der Film richtig heißt, bevor sie ins Kino durfte. Sie sagte nämlich immer nur ‚The Beauty'. Also meinte ich: Hör mal, stell dir vor, die Schöne wird von einer Ente gebissen. Und dann konnte sie plötzlich ‚The Beauty and The Beast' sagen, weil der Klang von _beast_ und beißt eben sehr ähnlich ist.

Es war für mich ein ziemlich großes Aha-Erlebnis, dass man so ein Wort in einer kindgerechten Art darstellen konnte. Meine Tochter konnte so wieder rückschließen und es richtig sagen.

B Vielleicht nehmen wir noch als Abschluss ein richtig schwieriges Wort als Beispiel für so eine Wortgeschichte. *Lautsprecher* heißt auf Russisch *Gromkagawaritel*. Und wenn Sie dieses Wort aufgliedern in Silben, dann könnte ja dabei Folgendes rauskommen:

G, das ist vielleicht eine Großmutter, Rom, aha, die fliegt nach Rom, dann sind Sie schon bei *Grom*. Dort trinkt die Großmutter einen *Kaffee*, darin schwimmt eine *Gans*, die hat fürchterliche *Warzen*. Sie behandeln diese Warzen mit einen Bonbon, nämlich mit einem *Ricola*, und weil Sie erfolgreich waren, gehen Sie noch *tele*fonieren.

Mit dem Resultat, dass Sie jetzt sagen können: Großmutter geht nach Rom, trinkt einen Kaffee, da schwimmt eine Gans, die hat Warzen, die behandele ich mit Ricola und dann gehe ich telefonieren – und das Telefon lege ich bei einer Stereoanlage auf den *Lautsprecher*, damit ich die Übersetzung im Wortbild mit drin habe. Jetzt versuchen Sie einmal, dieses Wort aufzuschreiben, schauen wir mal, wie weit Sie das schon können. Sie werden feststellen, dass das praktisch perfekt rauskommt!

Nachwort

Ich glaube, wir haben jetzt genügend geübt. Sie haben den Einstieg erlebt, wie man sich mit dieser altgriechischen Memotechnik sehr schnell und effizient Dinge besser merken kann. Sie haben wahrscheinlich auch gleich erlebt, dass Ihr Kind sich die Wochentage, das Alphabet und ein paar Länder merken konnte und das Kopfrechnen nun leichter fällt. Vielleicht sagen Sie jetzt: Ich will weiter trainieren.

Für das Lernen mit Ihrem Kind verwenden Sie Stoff aus der Schule, aber genausogut können Sie die ewigen Warum-Fragen auf diese Weise abarbeiten.

Für Erwachsene, aber auch für Kinder geeignet sind die elf CDs, die nachfolgend angeboten werden. Sie erhalten so ganz konkrete, praktische Übungen, die Sie allein oder mit Ihrem Nachwuchs üben können. Es gibt auch ein Zahlensystem für Erwachsene oder die Thematik, wie man sich Namen merkt.

Sie haben dann ein Lernprogramm vor sich, das etwa dreißig Stunden dauert und das Sie auf mehrere Monate verteilt durcharbeiten können.

Wenn Sie noch Fragen haben: es gibt immer die Möglichkeit, mich anzurufen.

Ich wünsche Ihnen beim weiteren Üben und Lernen viel Vergnügen.

Ihr Gregor Staub

Über den Autor

Gregor Staub, Betriebsökonom, gründete die Firma *Mega Memory* Gedächtnistraining vor 10 Jahren in der Schweiz. Er produzierte das erfolgreiche Kassetten-Seminar *Mega Memory* und gilt heute als einer der erfolgreichsten Gedächtnistrainer Europas. Zu seinen Kunden zählen namhafte Unternehmen und Organisationen.
Außerdem hält er Seminare an Schulen und Universtäten und engagiert sich in der Lehrerfortbildung.

Allein in den letzten Jahren berichteten mehr als 150 Zeitschriften über ihn. Zahlreiche Radio-Interviews und TV-Auftritte machten ihn besonders in der Schweiz zu einem prominenten Trainer. Bis heute hat er über 1.500 Seminare geleitet, die von mehr als 80.000 Teilnehmern besucht wurden.

Anhang

Nummern und Adressen

Gregor Staub ist für Sie zu erreichen unter folgenden Nummern bzw. Adressen:

Staub Mega Memory Gedächtnistraining
Im Chapf 4
8703 Erlenbach
Schweiz

Tel.: 0041-43 266 80 00
Fax: 0041-43 266 80 01

E-Mail: smm@active.ch
Homepage: www.gregorstaub.com

Stichwortverzeichnis

fit im Kopf werden

Für alle, die mit **MEGA MEMORY** weiterüben möchten, hier die Möglichkeit, dies zu tun:

Sie können die nebenstehenden Sets zu folgenden Konditionen per Brief, E-Mail oder Fax bestellen:

Gesamtset **MEGA MEMORY**
11 CD´s + 2 Hefte
€ 245,- / CHF 360,-

Sie dürfen bei Ihrer Bestellung den Buchpreis von € 19,90/CHF 37,- vom Bestellpreis abziehen. (Bitte bei Bestellung vermerken)

Bestellungen aus anderen Ländern werden zum Tageskurs abgerechnet.
Sie erhalten die Lieferung per Post und mit Rechnung.

Bestelladresse:

Staub MEGA MEMORY Gedächtnistraining
Im Chapf 4
CH-8703 Erlenbach
Schweiz

Fax: 0041 / 43 266 8001
E-Mail: smm@active.ch
Internet: www.gregorstaub.com

Möchten Sie für Ihre Firma (firmenintern, mit dem Verband oder ähnlichen Gruppen) ein Seminar mit Gregor Staub organisieren, wenden Sie sich bitte an die oben genannte Adresse. Sie erhalten dort umfassende Informationen zu seinen Veranstaltungen.

mvg Verlag
Move your life!

Notizen

Notizen

Notizen